臺灣史蹟源流

林衡道 著

行政院文化建設委員會策劃出版
藝術家出版社編輯製作

文化資產叢書序

在中華民族悠久的歷史進程中，長久累積的文化資產，有如一片色彩絢麗的錦繡，而其縱橫經緯，則是由先民的生活軌跡與智慧所交織而成。所謂文化資產，包括古物、古蹟、民族藝術、民俗文物及自然文化景觀等，其中蘊含的民族智慧與情感，確實是我國文化精神之所在，也為世世代代的藝術文化活動提供了永續的源頭活水。

文化資產的歷史意義、人文傳統與藝術價值，不僅反映了先民的生活方式與生活態度，對現代人而言，也是豐富生活內涵的重要資源。一個國家或民族的文化內涵是否豐厚，社會是否進步，文化資產的多寡是十分重要的指標。因此，保存和維護文化資產，乃成世界各先進國家無不全力以赴的標的，雖然在此一工作上，政府與民間均屬責無旁貸。但在推行與規劃過程中，卻有其現實上的困難，要雙方均能積極主動的致力於保存維護工作，有賴教育和傳播的力量，加強文化保存觀念之紮根與宣揚。

有鑑於此，本會爰將歷時多年精心策劃編印的「文化資產叢書」予以重編出版，希望藉叢書的重新發行，呈現各項文化資產清晰動人的面貌，讓我們在欣賞其藝術表現與社會意涵之餘，更能在日常生活中體認其價值。有了了解與尊重，才能喚起全民的參與及支持，進而找回我們自己對文化的信心和自尊，建立全民維護文化資產的共識。

行政院文化建設委員會主任委員 林澄枝

編輯例言

一、本套「文化資產叢書」係民國七十二年起由行政院文化建設委員會策劃印行，至八十六年共出版五十二本。歷經十多年，由於部分叢書已絕版，且考量若干資料宜適時更新，乃計畫重編。八十七年九月，本社受文建會委託補充叢書內容資料或圖版，並重新設計統一的編輯體例，重新編輯後予以推廣發行。

二、本套叢書依文化資產保存法第三條，分類如下：

古物類（以具有歷史及藝術價值之器物為主）。

古蹟類（以古建築物、遺址為主）。

民族藝術類（以傳統技術及藝能之表現為主）。

民俗及其有關文物類（以與國民生活有關之風俗、習慣及文物為主）。

自然文化景觀類（以產生歷史文化之背景、區域、環境及珍貴稀有之動植物為主）。

重編書籍除分類明確者外，尚有按內容性質分跨兩類領域者。

三、叢書每本頁數在六十四到八十頁之間，文字數約一萬五千字到兩萬字，圖版在五十張以上。

四、視事實需要，依據舊版叢書修訂或增刪內文，並更新或增強圖照資料的品質與豐富性，文圖兼備。

五、另按各書情況，彈性決定在書末放置參考書目或名詞解釋。

六、期望藉「文化資產叢書」的重新編輯發行，深入淺出地介紹固有文化資產，帶領讀者認識中華文化的精粹，以及文化資產保存與傳承的重要，並建立保存觀念。

藝術家出版社　何政廣謹識　中華民國八十八年三月

目次

〔文化資產叢書—古蹟類〕

第一章 鄭成功的古蹟與傳說

臺灣為我國東南之一大海島，在先史時代和大陸完全相連，所以在遙遠的古代，臺灣已經就是中華民族的生活空間。古代華北各省的黑陶文化和彩陶文化的遺物，在臺東八仙洞等全省各地都有發現過，這是明白的證據。至明天啟二年（一六二二），顏思齊、鄭芝龍開發今之嘉南平原，荷西二國旋亦侵入，西班牙人為荷蘭人所逐，而荷蘭人則為明延平郡王鄭成功所驅。當時，明社既屋，清人入關，海內鼎沸，鄭成功以金廈為根據，勤王抗清，明永曆十四年（一六六〇）北伐失利，十五年東征，驅逐荷蘭，光復臺灣，改號臺灣為東都，設承天府，置天興、萬年二縣，練軍屯田，撫育番民，而閩粵居民來臺者日眾，尤以泉、漳、潮、惠為最，斯時臺灣大治。成功於翌年賚志長歿。

荷蘭人佔據臺灣之初，於明天啟四年，在一鯤鯓的海岸，築了一座熱蘭遮城，又稱紅毛城、赤嵌城、臺灣城。至鄭成功光復臺灣後，收此城為其館邸，稱為藩府，俗稱王

●鄭成功畫像（左圖）
●赤崁樓石碑「重修城隍廟圖」（右頁圖）

城。此城巨大斷垣殘壁，今仍屹立於臺南市邱永漢陳列館一旁。明永曆四年，荷蘭人又在赤嵌社建造一普羅民遮城，作為其民政的中心。該城俗稱紅毛樓，在於今臺南市之赤嵌樓及其周圍，鄭成功光復臺灣後，改此城為承天府，亦即鄭氏執政之幕府。

鄭成功歿後，葬於今臺南縣永康鄉之洲仔尾。清廷領有臺灣，不久在臺鄭氏宗族累代墳墓，都被移遷於福建南安鄭氏的故鄉。是故，今僅能辨認其墓址在於臺南市郊永康鄉縱貫公路旁國隆大飯店西邊田園之中。清廷遷移鄭氏宗族墳墓時，侍妾及幼兒之墓有遺漏者。今臺南市大南門外公墓中有一古墳，其銘：「皇明藩府曾蔡二姬之墓」。又臺南市機場，舊地名為墓庵，有皇明二鄭公子墓，今仍保存於機場之邊沿。

● 熱蘭遮城殘跡（上圖）

● 臺南市赤崁樓（左圖）

今臺南市忠義街三官廟之旁，有一鄭氏家廟，殿宇古色蒼茫。此廟即鄭成功歿後，其後人建立之專祠。今臺南市開山路的明延平郡王祠，亦係供奉鄭成功之專祠，其始稱為開山王廟，創建於二百餘年前，清時由民間秘密祭祀，至清光緒元年（一八七五），福建船政大臣沈葆楨，奏請敕建專祠。奉准以後，才改為延平郡王祠。當時聘請福州名匠，擴大建造，有大門、正殿、後殿、監國祠、寧靖王祠等，都是莊嚴壯麗的建築。今已改建為鋼骨水泥殿宇，古色古香蕩然無存，臺南人士引以為憾。正殿鐫有沈葆楨親選的對聯：「開萬古得未曾有之奇洪荒留此山川作遺民世界，極一生無可如何之遇缺憾還諸天地是創格完人」。後殿，供奉鄭成功的長孫克壓監國及夫人陳氏，沈葆楨題聯：「夫死婦必死，君亡

明乃亡」。明永曆三十五年，延平嗣王鄭經與世長辭之後，鄭氏宗族發生內訌，克壓被黜，無辜被殺，其妻陳氏，即參軍陳永華之女，亦殉節死。世人尊為烈婦，因而從祀於延平郡王祠。今臺灣省有供奉鄭成功之開臺聖王廟、國姓廟等，達五十八座之多。

鄭成功為臺灣開山之鼻祖，其豐功偉業，深入了人心，是三百年來一直受到了臺省同胞崇敬的第一人，鄭成功光復臺灣，不久便賚志長歿，臺灣中北部各地，未曾親至。但這些地方卻偏多鄭成功的傳說。臺中縣大甲鎮鐵砧山有一國姓井，相傳：鄭成功某年率軍經過大甲，將寶劍插在山上，地下湧出清泉，解決了眾人行旅缺水之困難。泉水湧處，便是今國姓井。另有臺北市圓山劍潭的傳說。據說：古時在這潭底有一魚精，經常殘害人畜，行旅苦之。後鄭成功到此，將寶劍投入潭中，除了這魚精。從此，附近地方才得以安寧。又傳：今臺北縣鶯歌鎮的鶯歌石、三峽鎮的肉鳶山、臺北市北投區的猪哥石、基隆市的鶯哥石，本來都是受日月精華所變成的妖精，危害人畜，幸有鄭成功到此，用大砲把它們打死，如今只餘下幾塊大石而已。

在臺灣北部，有關鄭成功殖產興業的傳說也不少。臺北縣的三峽鎮、新店市、桃園縣的大溪鎮，在往日都產有鱳魚，據當地的傳說，是由鄭成功自福建帶來魚苗，送給當地居民飼養，因而才有名貴的鱳魚出產於深山幽谷之中。臺北縣金山鄉、萬里鄉海邊，從前盛產蛤蜊，相傳最初也是鄭成功從福建帶來送給當地居民飼養的。金山鄉海濱且有一地，名為國姓埔，相傳鄭成功曾率師經過此地。但國姓埔海濱事

實上是清光緒十年（一八八四）中法戰爭時，法軍入侵之地點，與鄭成功毫無相涉。像以上數種將鄭成功神奇化的傳說，皆出自中北部，臺灣南部有關鄭成功的傳說，神奇色彩較為淡薄，且富有人情味。茲列舉其一二如下：

嘉義縣水上鄉的尖山之顛，有一正方形大石，相傳即為明天啟間入墾臺灣始祖顏思齊之墓碑，碑上並無刻文，僅於其中央刻有一道直線。相傳：往昔，鄭成功收復臺灣後，立即往拜顏墓。見其墓碑並無文字，乃為日後辨認起見，便用其寶劍在碑上刻劃一道直線。此即為今日所見墓碑上的刻痕。臺南市安平區，相傳：明永曆年間，某夜，當地居民同時皆夢見一全身穿戴白色盔甲的武將，腳踏鯨魚背上，從鹿耳門從容出海而去。果然，於翌晨獲悉國姓爺於前夜仙逝。

● 臺南市安平區熱蘭遮城古城牆（上圖）

● 臺南市延平郡王祠外觀（右頁圖）

第二章

鄭經與陳永華的古蹟

鄭成功光復臺灣後，賫志長歿。其子鄭經嗣立為延平郡王，號稱世藩，志亦在於匡復明室。並改東都為東寧，陞天興、萬年為二州，劃府治為四，即東安、西定、南寧、北鎮等四坊，每一坊設一簽首，管理民事。坊下設鄙，每鄙置鄉老，實行鄉治制度。鄭經除了致力農墾以外，還獎勵製糖、製鹽、製瓦等業。繼而外興貿易，以謀通商之利。他所施行的土地制度，設有以下三種：

㈠軍隊的屯墾田地，稱為營盤田。今天臺南縣新營、柳營、下營、林鳳營等各地，以及高雄縣仁武、角秀等各地，乃至高雄市之左營等地，都是當年營盤田的舊址。

㈡鄭氏宗室及文武官吏等，可以招徠移民，從事開墾，其土地所有權，屬於招徠者。這種墾田，叫做私田，又叫文武官田。今高雄縣湖內鄉竹滬一帶，曾經是明寧靖王朱術桂的私田。

㈢荷蘭人竊據時期，全部耕地屬於東印度公司，稱為王田，不許私有，移民和土番都是王田的佃戶。鄭經接收荷蘭人原有的王田，改為官田，凡耕佃的人，都是官家的佃農。今臺中縣成功嶺附近，還遺留有王田的地名，臺南縣烏山頭水庫附近，還遺留有官田鄉等地名。

在鄭經治臺二十年之中，府治建設，略具規模，種竹為城，創立寺廟。今天的臺南市忠義路六巷一七號靈佑宮、民權路九七號北極殿、忠義路鄭氏家廟、東門路二一四號彌陀寺、永福路一四九號武廟、文廟路三號東嶽殿、青年路九二號府城隍廟等，都是當年鄭氏官方所創建的。其中，供奉玄天上帝的靈佑宮（小上帝廟）和北極殿（大

● 臺南市武廟一景（左圖）

● 臺南市孔廟（右頁圖）

上帝廟），都稱為真武廟，其地位尤屬重要。「臺灣縣誌」記載：「偽鄭踞臺，多建真武廟，以為此邦之鎮廟。」

今之臺南市附近，荷據時期已經就有了很多寺廟，例如正義街開山宮、公園路慎德齋堂、成功路開基玉皇宮等等。至鄭經治臺時期，民間創建於府治的寺廟，為數更多。其主要者，計有下列：中華東路二段九十六卷一弄關帝廳、府前路一段三五九巷昆沙宮、西門路二段三〇七巷厲王宮、成功路八十六號興濟宮（上大道公）及赤嵌街大士殿、西門路二段一一六巷沙陶宮、府前路一段三四〇號良皇宮（下大道宮）、開山路一二二巷馬公廟、中正路一三一巷總趕宮、忠義路二段一五八巷小南天、忠義路二段八十七號五帝廟、新美街一七二號廣安宮、新美街一一四號開基武廟、民族路二段三一七巷萬福庵等。

臺灣首屈一指之名刹開元寺，在臺南市北園街八十九號，環境清幽，佛像莊嚴，向為觀光旅客所嚮往。該寺原為鄭經為其母董太夫人所創建的別業，原名北園別館。清

康熙二十五年，改為海會寺，嘉慶以後，始稱為開元寺。寺內尚藏鄭成功遺物碗盞三隻，及所謂遺墨一幅。後殿有鄭經井，寺園有七弦竹一叢，相傳董太夫人由湖北移植到此，竹槓色黃，上有青色綹紋，如琴絃線。

鄭氏的參軍陳永華，明福建同安人，精通經國濟民之術，故鄭經之治世，事無大小，必就詢於陳永華，然後才付諸實施。臺南市文廟路三號的孔子廟，即是鄭經採納陳永華的建議，於明永曆二十年（一六六六），所創建的。到了清康熙廿四年（一六八五），改為臺灣府學，又稱全臺首學。雖經十餘次之重修，現殿宇仍壯麗無匹，環圍古木參天，確是臺灣首屈一指的勝地。

臺南文廟落成之後，設有國子監。鄭經又令各社設學，延聘教師，

● 臺南市城隍廟（上圖）

● 臺南市東嶽殿一隅（右頁圖）

勸各子弟入學。並且議訂了考試辦法如下：兩州三年兩試，考生在州試中，名列前茅者送府，府試及第者送院，院試再取，送入大學。攻讀大學後，補為六官內都事，陞轉擢用。

其事概由陳永華主持，自此臺民知學，教化大備，而人材蔚起。

臺南縣白河鎮關子嶺碧雲寺，原名火山廟，以眺望絕佳而著稱，相傳陳永華創建。臺南縣六甲鄉赤山村有一龍湖岩，湖畔建寺，可以眺覽水色山光，風景殊佳。相傳亦由陳永華創建。「臺灣府誌」記載如下：「龍湖岩，在開山里赤山莊，偽官陳永華建。閩人稱寺為岩，環境幽邃，前有潭，名龍湖，中植荷花，左右列樹，桃、柳、青海、蒼檜。遠山浮空，宛入圖畫。」

陳永華之墓，在臺南縣柳營鄉果毅村，與夫人洪氏合葬，後歸葬

祖籍同安。日據時期，有人於荒野叢榛間發現墓碑，移置原墓地，重建而保存之。墓碑文曰：「皇明贈資善大夫正治上卿都察院左都御史總制諮議參軍監軍御史齊文正陳公暨夫人淑貞洪氏墓」。民國四十二年，臺灣省政府指定為臺灣省史蹟。永華宮，在臺南市文廟一巷十五號，距孔子廟不遠，奉祀福建泉州府屬居民所信仰之廣澤尊王，相傳係陳永華創建的。殿內原從祀有陳永華的木像，現已無存，據說保存於臺南市永福四巷三四號總趕宮裏。

當明室淪亡，大陸勤王之士隨鄭氏入臺，陳永華借歃血訂盟方式組織了天地會，又稱洪門，用神道說教，從事嚴密組織，推進反清復明工作。天地會，以天地為父母，日月為姊妹，以崇奉玄天上帝為題，聯絡會友，其組織由臺灣流傳到福建、廣東、江蘇、浙江，更推展至江西、湖南、四川、雲貴以及海外南洋、菲律賓等地，以成仁行義互相標榜，發展至為普遍。今臺灣地區，奉祀玄天上帝之廟宇，共有二六六座之多，此神之信仰如此普遍，當與天地會不無關聯。

● 臺南市開元寺，原為鄭經為其母董太夫人所建的「北園別館」（右圖）

● 臺南市孔廟大成殿（右頁圖）

第三章

施琅與福康安的古蹟

清康熙二十二年（一六八三），鄭氏降服，清靖海侯施琅，率領大軍入臺接收。到此明祀遂絕，臺灣歸清版圖。施琅本來是鄭氏的舊屬，曾為文祭告延平郡王鄭成功。茲錄如下：「自同安侯入臺，臺地始有居人。逮賜姓啟土，始為巖疆，莫敢誰何？今琅賴天子之靈，將帥之力，克有茲土。不辭滅國之誅，所以忠朝廷，而報父兄之職分也。但琅起卒伍，於賜姓有魚水之歡，中間微嫌，釀成大戾。琅於賜姓，前為讐敵，情猶臣主，蘆中窮士，義所不為。公義私恩，如此而已。」

祭畢，施琅痛哭流涕，上疏清廷，奉請禮遇鄭氏宗族及諸將。

澎湖縣馬公市的澎湖天后宮，原名娘媽宮，創建於明代，供奉天妃聖母，是臺灣全省最古的廟宇。施琅攻臺，擊敗鄭軍於澎湖，以為得勝有賴於聖母的神佑靈顯。故奏

● 彰化縣鹿港鎮天后宮（上圖）

● 臺南市赤崁樓所存之福康安生祠碑（右頁圖）

請加封，其奏文如下：

「……康熙二十二年六月十五、二十二等日，臣在澎湖破敵，將士咸謂：恍見天妃，如在其左右，而平海之人，俱見天妃神像是日衣袍透濕，與其左右二神將兩手起袍，觀者如市，知為天妃之助戰致然也。又先於六月十八日夜，臣標署營千總劉春，夢天妃告之曰：二十一日，必得澎湖克捷。七月初旬內，臺灣遂傾島投誠，其應如響。……」

清廷據奏准許，翌（二十三）年，加封天妃聖母為天后。施琅又改承天府明寧靖王宅「一元子園亭」為天后宮，即是今臺南市永福路二段二二七巷十八號的大天后宮，殿內尚留有施琅所建的古碑一方。在此情形下，天后聖母的信仰在臺灣普遍發展。現臺灣全省，其廟宇計達三百十八餘座之多。

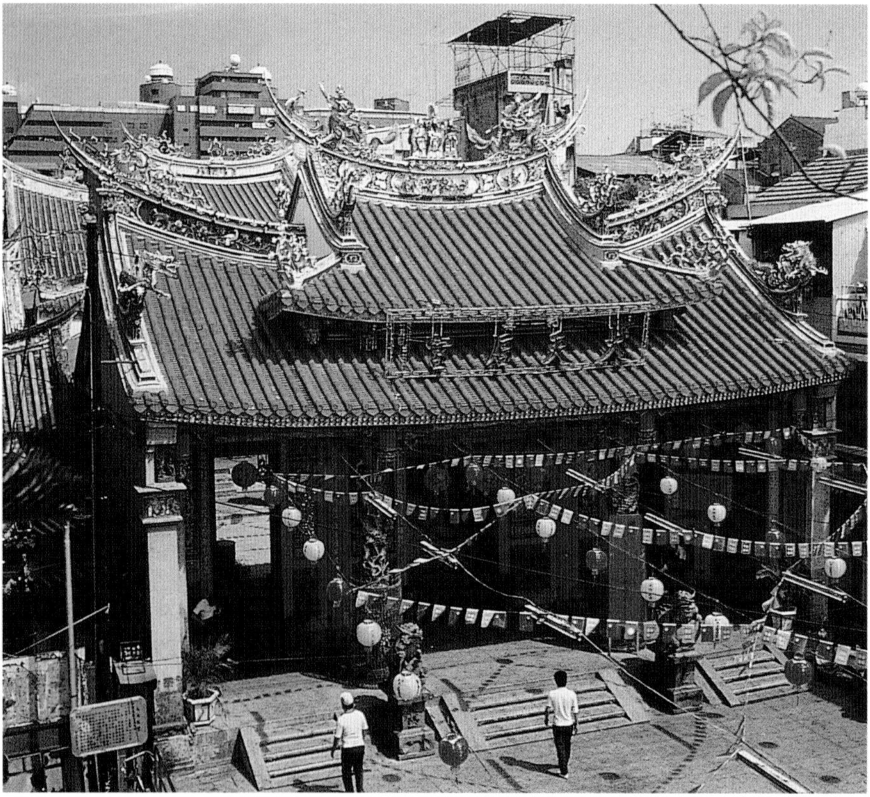

澎湖縣馬公市天后宮旁的一條巷道裏，有一施公祠，即供奉施琅的遺像，殿旁原有施琅手建的靖臺碑一方，現在已移置於馬公市公所的庭院。施公祠門外的萬軍井，又稱師泉井，俗稱媽宮大井。相傳：清康熙二十二年，靖海侯施琅，任水師提督，率軍征討鄭氏，至克復媽宮（今馬公市），部下將士萬餘人，無水可飲，瘴疫流行，琅乃祈求媽祖，大井中忽湧出甘泉，汲之不竭，軍心遂定，因名萬軍井，取義其水可飲萬軍。清人陳昂詩：「氣壯萬軍涉險來，地轉海鹹生淡水。」

澎湖縣望安鄉將軍澳，相傳就是施琅大破鄭軍之處。臺南縣將軍鄉有一將軍港的地名，相傳就是施琅將軍之田莊在此，故名。

清廷既然領有了臺灣，群臣以為臺灣孤懸海外，易成賊藪。於是遂有棄臺之論。此時施琅上了「陳臺灣棄留利害」疏，力主保留。清廷詔令准建置一府三縣隸屬於福建省，以固邊疆。

清代臺灣，僅在二百餘年中，大叛亂發生了三十餘次，其大多數都標榜反清復明，與天地會不無關聯。清康熙六十年（一七二一），鄭氏舊屬漳人朱一貴，聚眾發難於羅漢門（今高雄縣內門鄉）攻佔了府城（今臺南市），全臺震動。清廷由福建調兵戡亂，一個月後平定。一貴被擒，解送京師處死。但至乾隆時，又發生一次規模更大的林爽文之亂。

林爽文，福建漳州人。來臺以後，卜居彰化縣（今臺中縣大里鄉治），善於經營，擁有巨富。清乾隆五十一年（一七八六），官方大事逮捕天地會的黨人，林爽文被逼起事，聚眾占據了彰化縣署，全臺各地會黨立即響應，此時清廷曾動

● 靖海侯施琅瓷像（左圖）

● 臺南市大天后宮，原為明寧靖王府邸。（右頁圖）

員四省的大兵，歷時三年，始獲平定。林爽文終被檻送京師棄市了。可以知道這一次的叛亂，在臺灣是空前絕後的。

滿人大學士福康安，因平定林爽文之亂有功，建有福康安生祠碑，猶存於嘉義市中山公園及臺南市之赤嵌樓，其文如下：「三月成功速且奇，紀勳合與建生祠。垂斯琬琰忠明者，消彼萑苻志默移。臺地期恒樂民業，海疆不復動王師，曰為曰毀似殊致，崇實黜虛政在茲。乾隆五十三年仲秋月御筆。」

臺灣府城（今臺南市），初無石城，僅置木柵為垣，而繞以刺竹，隨時修補，以為守禦之防。乾隆五十五年，福康安奉准築城廓，凡城樓、城垛、城門，以及卡門、馬道、水洞之屬，全部竣工，名為半月城。此城到了清光緒元年（一八七五），由福建船政大臣沈葆楨加以重修，

面目一新。現存的大南門、大東門、甕城等的門洞，以及小西門的城樓，都是光緒元年重建的。

彰化縣鹿港鎮中山路四三〇號的鹿港天后宮，俗稱鹿港媽祖，由來頗久，相傳創建於清康熙時。清乾隆五十二年，清將福康安率領大兵，自鹿港登陸大破林黨，未三個月，林黨崩潰，勝利歸於官軍。於是，福康安以戰事順利有獲神助，乃上疏敕建一媽祖宮於鹿港。這就是今鹿港鎮埔頭街八五號新祖宮。門前遺留有紀念福康安戰勝之古碑多種。屏東縣車城鄉，為當年福康安駐師之地，該鄉古廟福安宮，留有福康安紀念碑一方。

在福康安戡亂期中，臺灣各地士民，左袒官軍而奮戰者不乏其人，粵籍居民出力尤多。所以平定後，官府在各地分別建立義民祠廟，以示表揚。其中，以府城（今臺南市）的義民祠，為最聞名於世。但該祠毀於日據時期，現僅殘留一對青石獅子陳列於赤嵌樓之門外，供人憑弔。此外，新竹縣新埔鎮枋寮的褒忠亭義民廟，亦屬重要。該廟香火之盛，僅次於雲林縣的北港朝天宮，廟裏尚存一方乾隆御筆「褒忠」木匾，傳為珍寶。

臺灣全區，現存的義民廟，共計廿一座，南至屏東縣，北至桃園縣、臺北縣，廣泛地分佈於西岸平野的都市和鄉村，尚可供人懷古之思。

● 彰化縣鹿港鎮龍山寺午門

第四章
王得祿等人的古蹟

清嘉慶年間（十九世紀初葉），福建廣東海盜蔡牽及朱濆等，一再攻擊臺灣，占據滬尾（今臺北縣淡水鎮），以反清復明為號召，自稱鎮海威武王，效朱一貴建元「順天」之故技，奉明正朔，建元「光明」，祭告天地，散劄設官，全臺為之震撼。艋舺（今臺北市龍山區）、府城（今臺南市），都受威脅。清廷命閩浙水師提督王得祿，集兩省兵船，入臺征剿。蔡牽大敗，與家屬徒黨等沉死海中，大亂始告平息。朱濆橫行海上，與蔡牽分途，屢犯滬尾、雞籠（今基隆市）、鹿港、蘇澳，至蔡牽敗死後，亦遭剿滅。

王得祿，臺灣嘉義人，因為戡亂之功，晉升子爵，封太子少保。清廷領有臺灣二百一十二年中，臺灣出生之人士，官位晉昇最高者，當為王得祿，因而民間視他為一神秘人物，久而久之，終於以王得祿為主角，編排出來一篇「嘉慶君遊臺灣」之傳說。大凡臺灣民間傳說，大多在臺民之祖籍福建、廣東有其原型。移民們或將原型之傳說，一字不改移植於臺灣，或在臺灣稍加修改，以求適應當地之環境，然後傳播下去。然前者與後者源流出於大陸則一。臺灣南部所傳「乾隆君遊臺灣」、「嘉慶君遊臺灣」等傳說，顯以福建民間所傳「正德帝遊福建」為藍本，改頭換面重新編織而成。所謂嘉慶遊臺灣，以及王得祿救駕，雖無其事，而鄉間父老卻言之鑿鑿。

王得祿的故居，在今嘉義縣太保鄉太保村，但其偌大館邸現已蹤跡無存。嘉義縣六腳鄉另有一所王得祿之別邸，今僅存一片大牆，供人憑弔。該鄉之番婆附近，漠漠的荒野中，有王得祿的墳墓，墳前石像雕刻十分精美，氣魄非凡，近年

● 臺中縣霧峰鄉宮保第一景（左圖）

● 宮保第正門（右頁圖）

仍有遊客前往參觀。新港鄉香火極盛的奉天宮，俗稱新港媽祖，在全臺媽祖廟中，其信徒之多，僅次於雲林縣的北港朝天宮。廟裏存有王得祿所捐獻之匾、聯等物。距廟不遠又有王得祿所創建之登雲書院，今尚存石碑一方。

臺南縣白河鎮關子嶺大仙寺，創建於清康熙四十年（一七〇一），殿前有對聯：「東海遠連南海水，赤山高接普山雲」。此寺與王得祿家頗有淵源，現在寺內，還保存有王得祿所建的石碑、古匾等物。此外，雲林縣北港朝天宮、臺北市艋舺龍山寺等，臺灣各地聞名寺廟，也都存有王得祿所捐獻古物。還有嘉義市中山公園太保樓，當初是王得祿所建造的城樓，後來移建於公園，留為紀念。惜最近已改為鋼骨水泥樓屋，絲毫不存古色古香的韻致。

- 王得祿墓前的文翁仲（左圖）
- 王得祿墓前的武翁仲（右圖）
- 嘉義縣新港鄉王得祿墓園側觀（左頁圖）

清咸豐年間（十九世紀中葉），太平天國在南方各省倡亂，臺灣的天地會，以八卦會之名，又開始蠢動。該會首領戴潮春，字萬生，祖籍漳州，居彰化縣四張犁（今臺中市北屯區四張犁），家道富庶，今四張犁尚存戴家廢址，已闢為廣大住宅區，占地凡二十餘甲。清同治元年（一八六二），官方取締會黨，戴潮春乘機發難，自稱承運大元帥，攻陷縣城，出示安民，令蓄髮遵明制。中部各地相繼響應。

於是，清廷乃命福建陸路提督林文察，移師臺灣，獲鄉紳林占梅等統率鄉勇助戰，官軍節節勝利，會黨不支逃散，戴潮春等被斬，歷時四載的叛亂，始得平定。臺灣全省共計二一座之義民廟，大多合祀戴亂中左祖於官軍而陣亡之當地士民。

林文察，祖籍漳州，居阿罩霧（今臺中縣霧峰鄉），因平定八卦會之亂有功，林家得賞廣大山林、土地，藉以經營樟腦，遂成中部臺灣之首富。此後，林家設立的腦寮，遍佈於今臺中、南投諸縣之山間，他們為求迅速安全搬運樟腦，特地開闢梧棲（今臺中港）為其專用港口。並在大陸上海等地設立貨棧，以利推銷。至日人竊據臺灣以後，樟腦歸由「專賣局」統購統銷，林家的事業始趨於衰落。

當八卦會亂尚未平定之際，林文察又奉命移駐漳州萬松關，抗禦太平天國之進攻。已而圍合。文察督勇奮鬥，所部死傷幾盡，援兵不至，遂陣亡。清廷，乃賜祭葬，贈太子少保銜，予諡剛愍，准建專祠。今臺中市合作大樓，建於當年賜敕林公祠廢址之上。臺中縣霧峰鄉林家宅第，分為頂厝、下厝、萊園之三大部分。其中，林文察的故居下

厝，規模最為宏偉，係一「三槅排四落起」的巨大住宅，門上懸有一匾，書曰「宮保第」。其富麗堂皇，較之板橋林本源有過之而無不及，稱為臺灣最大古先住宅之一。但，近年漸歸荒廢，有待整修。

清光緒十年（一八八四），中法戰爭中的抗法勇將林朝棟，便是林文察的長子，日據時期的愛國詩人林幼春、「臺灣議會設置運動」之首領林獻堂等，也都是林家的子弟。

林占梅，祖籍泉州，是世居竹塹（今新竹市）之望族。八卦會倡亂，占梅傾家紓難，保障北臺，忌者多方構陷，竟以憤死。占梅好詩書，精音樂。軍興之時，文移批劄多出其手，暇則彈琴歌詠，若無事然。築潛園於竹塹城西門，結構甚佳。士之出入竹塹者，無不禮焉。文酒之盛冠北臺。林宅及潛園，日據時期，大多被毀。今僅存樓閣房廊之片鱗，於大街道旁的陋巷中而已。

● 臺中縣霧峰鄉林家萊園一景（上圖）

● 霧峰宮保第中的林文察雕像（左圖）

第五章 開拓史的古蹟

清康熙二十二年（一六八三），清廷領有臺灣以後，雖有內地移民入臺的限制，但是渡臺的人，仍逐漸增加，已不是一紙禁令所能阻止。因為禁令徒成具文，終於撤廢，從此移民入臺開墾的地區，也就逐漸擴大了。

清康熙二十六年（一六八七），府城（今臺南市）的客家居民，開拓下淡水溪平野，這是經營屏東地方的開始。今屏東縣客家語地區，仍殘存所謂「六堆」的組織，乃為開拓當初互助團結的遺風。

臺北盆地周邊，有福建移民居住，是由明鄭時代開始。康熙四十七年（一七〇八），泉州人的開墾組織陳賴章與熟番訂約，開墾大佳臘平野，是開闢臺北市中心區的開始。

嘉義、新竹等地開發都很早，祇有臺中稍為落後，康熙五十五年（一七一六），岸里社土目阿穆開拓猫霧捒，是開拓臺中市的開始。

因為開發的地區日見擴大，到了清乾隆年間（十八世紀中葉），臺灣西岸山野，森林荒地開拓已盡，到處建有寺廟，成立聚落。茲

● 臺北縣八里鄉開臺天后宮一景（左圖）
● 俯瞰臺北市北投區關渡宮（右頁圖）

列舉臺北盆地和臺中盆地的事例如下：

臺北盆地的古廟

- 臺北市北投區唭哩岸慈生宮，相傳創建於明永曆二十三年（一六六九）。
- 臺北縣新莊市慈祐宮（俗稱新莊媽祖），創建於清康熙二十五年（一六八六）。
- 臺北市北投區關渡宮（俗稱關渡媽祖），原名靈山廟，創建於清康熙五十六年（一七一七）。
- 臺北市古亭區寶藏寺，創建於清康熙年間。
- 臺北市中山區劍潭寺，相傳創建於清康熙年間。
- 臺北市萬華區龍山寺，創建於清乾隆三年。

此外，臺北盆地在清乾隆年間，所創建的重要寺廟，尚有下列多處：

- 臺北縣新店市大平頂開漳聖王廟、臺北縣五股鄉西雲寺、臺北市士林區神農宮、臺北市萬華區新興宮（後易地改建，即今臺北市成都路的臺灣省天后宮）、臺北市士林區芝山岩惠濟宮、臺北縣三重市先嗇宮、臺北縣新莊市地藏庵、臺北市松山區慈祐宮（俗稱松山媽祖）、臺北縣八里鄉開臺天后宮、臺北縣新莊市武聖廟、臺北縣新莊市三山國王廟、臺北市萬華區艋舺清水岩等。

建有上列寺廟之地，當年已是人煙稠密之聚落。

●臺中市南屯區萬和宮正立面

臺中盆地的古廟

- 臺中市南屯區萬和宮（南屯媽祖），創建於清雍正四年，為臺中市最古之廟宇。
- 臺中市西區慎齋堂，創建於清乾隆十九年。
- 臺中市東區樂成宮，創建於清乾隆年間。
- 臺中市北區元保宮，創建於清乾隆五十六年。
- 臺中縣大里鄉萬安宮，創建於清乾隆年間。
- 臺中縣烏日鄉新南宮，創建於清乾隆二十五年。
- 臺中縣豐原市萬順宮，創建於清乾隆五十六年。

宜蘭地方的開拓，比較落後。清嘉慶元年，漳人吳沙以頭圍（今宜蘭縣頭城鎮）為基地，開墾蘭陽平野。埔里地方，至清咸豐年間，始見開拓。恆春、臺東各地，至清

同治年間，始有大批移民進入墾荒。花蓮地方，至清光緒年間，始著手開拓。茲列舉上列各地最古寺廟之名稱及創建年代如下：

- 宜蘭縣頭城鎮開成寺，創建於清嘉慶初年。
- 宜蘭縣礁溪鄉協天廟，創建於清嘉慶三年。
- 南投縣埔里鎮福同堂，創建於清同治十年。
- 屏東縣恆春鎮福興廟，創建於清咸豐元年。
- 屏東縣恆春鎮茄苳王廟，創建於清咸豐二年。
- 南投縣埔里鎮興安宮，創建於清同治八年。
- 臺東縣臺東市海山寺，創建於清同治十三年。
- 臺東縣臺東市天后宮，創建於清光緒十八年。
- 花蓮縣花蓮市延平郡王祠。相傳創建於清咸豐九年，但無確證。實則，至清光緒以後始有此廟。

大陸移民開拓臺灣各地，最初到處都建立城寨，四周用土墻、竹柵或木柵圍繞起來，以資自衛。到今天，臺北縣，還有頭城、二城、三城、四城、五城、頂城、下城、土城、竹圍等等之地名，原因就是在此。此外，臺北市也有木柵、鼓亭（古亭）、公館等等之地名。鼓亭、公館，就是指以前這裏放信號用鼓的鼓亭，以及自衛自治的館舍。開拓之初，官府嚴禁移民侵犯土番之權益，常在番地邊界上立界石，或修一道叫做土牛的土墻，務使漢番分居，因而今臺北市北投區尚留有一個叫石牌的地名。新竹縣、臺中縣，也都有叫土牛的地名。

清初臺灣北部中部的開拓，最初多是由有勢力的人，搶先向官府申請，獲得墾區後，就招募農民，

供給他們農具、自衛武器、房舍等，然後開始墾荒。在上述的情形下，中請開墾的有勢力的，叫做墾戶，實際從事墾荒的農民，叫做佃戶。墾戶居住地，地名多叫某某厝，佃戶居住地，地名多叫做某某寮。臺中縣潭子鄉有頭家厝、彰化縣秀水鄉有羅厝、臺北市松山區有朱厝、李厝等之地名。臺灣各地最普遍的地名是田寮、枋寮、十分寮之類，

道理就是在此。

開拓之初，有時還有由幾個有力量的人，聯合出資出力進行墾荒的情形。臺北市士林區七股，這就是七個人聯合開墾的土地。臺北市北投區十八份，就是十八個人聯合開墾的土地。臺北縣瑞芳鎮九份，也是九個人聯合開墾的土地。此外，類例繁多，不勝一一列舉。

● 臺北市萬華區龍山寺側景（上圖）
● 吳沙像（中圖）
● 臺東市天后宮內觀（下圖）
● 臺南市三山國王廟一景（右頁圖）

第六章

林本源邸宅與花園

清廷領有臺灣以後，南部各地明鄭的官田及文武官田等，大部分改為民田，由農民自耕。而在未開拓的北部、中部，都可申請開墾。於是乃有大租戶，先向官府請領墾區，然後分與小租戶管理，小租戶再分與現耕佃人墾耕的新制度，稱為大租戶開墾制度。

大租戶向小租戶所收的租穀，名為大租，小租戶向現耕人所收的租穀，名為小租。清道光元年（一八二一）時候，臺北地方一甲地大租數額如下：上田八石、中田六石、下田四石、上園六石、中園四石、下園二石，約佔收穫量十分之一。小租數額，以收穫量十分之四為標準。道光年間臺北地方一甲地的小租，約三十石至三十五石。大租及小租，起始都是納穀制，至道光年間，部分改為納銀制。稻穀一石，折算墨西哥銀圓二圓。

臺北縣板橋市林本源家始祖林平侯便是在上述大租戶開墾制度下開墾桃園、宜蘭等地而致富的一人。按林平侯，隨其父應寅從福建漳州前來臺灣之新莊，時值清乾隆四十三年（一七七八）。初經營米、

● 臺北縣板橋市林家五落大厝防火巷（左圖）

● 傍晚的來青閣，位於臺北縣板橋市林家花園內。（右頁圖）

鹽，頗有成就，後內渡任官。曾任柳州知府。返臺後大事開墾土地，而成臺灣之首富。清嘉慶十四年（一八〇九），為避免與新莊、艋舺之泉人糾紛，遷居大嵙崁（今桃園縣大溪鎮）。至其子國華、國芳時方遷至板橋（今臺北縣板橋市）。所謂林本源，並非一人名，是為林家一店號之名稱。

家喻戶曉之全省最大之住宅林本源邸宅及其花園，在臺北縣板橋市之西北隅，面積共有一萬七千三百三十一坪，分為「三落舊大厝」、「五落新大厝」、花園等三大部分。「三落舊大厝」之西，尚有一弼益館，是為林本源邸宅之最古的建築，落成於清道光二十七年（一八四七），惜毀於民國六十五年。「三落舊大厝」落成於清咸豐三年（一八五三），「五落新大厝」及其附屬建築物「白花廳」，落成於清光緒十四年（一八八八）；花園落成於光緒十九年（一八九三），此一巨大邸宅，前後花費四十年之時間，方形成今日之規模。日據時期被毀之枋橋城廓，為咸豐五年由林家建造的，而林家邸宅之面積占有全面積之一半。

林家之「三落舊大厝」、「五落新大厝」、「白花廳」等巨大房屋，光復之初仍大抵保持其原形，但花園則已完全荒毀，形同廢墟，正在整修中。查「三落舊大厝」，林家擬改為宗祠，予以妥善保存。「五落新大厝」與「白花廳」，隨板橋市都市計畫之進行，現已改建為新

● 俯瞰臺北縣板橋市林家花園

式店舖與住宅之地區，因而林家方面亦無意保存此一巨大廢屋，最近已改建為一座大廈。至於花園，林家已將園址約五千坪捐獻給臺北縣政府，定為第二級古蹟。

昔日林家花園，自「新大厝」甬道渡迴廊而入，東向數武為「汲古書屋」，即庋藏書籍之所。再東，「方鑑齋」，依地勢鑿池建榭，即欣賞戲劇之所。齋北數十武為「來青閣」，崇樓矗立，藻飾多姿，憑欄遠眺，盡收臺北山水之美。疇昔盛時，主人恆讌嘉賓於此。閣前有亭翼然，額曰：「開軒一笑」。右建拱橋，名「横虹臥月」，雕欄縵迴，複道行空，迤北遊廊，東通「香玉簃」、「月波水榭」，西通「觀稼樓」、「定靜堂」。堂西鑿一大池，疊假山，有亭、臺、隖、榭、徑、磴、隧、洞，點綴得宜，皆饒畫意。

林家花園之工程，費銀五十萬

兩，稱為曲盡名工巧匠之能事，富麗堂皇冠於全臺，但與內地之名園對比，處處相形見拙，不可同日而語。茲列舉其優劣之對比如下：㈠內地之名園，假山多以太湖石建造，互以石材之高貴相競賽。林家花園之假山，僅堆疊磚瓦，塗抹石灰而成，祇得稱為假山之模造品，不得稱為假山。㈡內地之名園，園中小徑，多砌美麗白色鵝蛋石而成，亦以石材之良好相競賽。林家花園之小徑，一律舖以紅磚，因而缺乏風雅情趣。㈢林家花園，地勢高隆，池塘缺水，無法構成有山有樹有水之幽美風光。

林家開墾之土地，遍及淡北（今臺灣北部）。因而在臺北、桃園、宜蘭等縣，留下不少其遺構與遺跡，今臺北縣新莊鎮公路局新莊站附近，即為當年林平侯邸宅之故址。今桃園縣大溪鎮之大溪國校，及鄰近之體育場，即為林家大嵙崁邸宅之故址。大溪鎮之二層、草嶺等地，有很多巨大墳墓，都是林家的祖墳，林平侯墓，在二層附近公

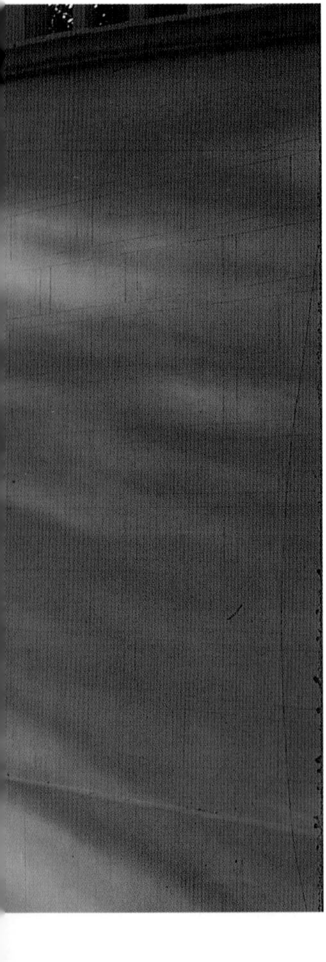

● 新竹市水田進士第（上圖）

● 臺北縣板橋市林家花園拱橋「橫虹臥月」（左圖）

路之一旁。平侯長子國華，墓在臺北縣中和市，次子國芳墓在臺北縣土城鄉，其雕刻十分精巧、美麗，氣魄非凡，亦都是值得參觀之古蹟。

清時，林家是臺灣首屈一指之大租戶，其租館（即貯藏租穀之倉庫）遍佈於臺灣北部各地。今桃園縣大溪鎮、宜蘭縣頭城鎮，尚殘存其遺構，都是當地最精緻的建築物。臺北市和平西路之臺北府城小南門，由林家督造而成，惜已改建為鋼骨水泥之樓屋，古色古香蕩然無存。

林家祖籍是福建漳州。清嘉慶間，宜蘭地方已為漳州移民所開拓，林平侯鑑於該地與新莊、艋舺交通不便，乃投資開闢了三貂嶺路，疏通今瑞芳、貢寮、宜蘭間的道路，以利行旅往來。今鐵路宜蘭線，尚留有三貂嶺之站名。

第七章 洋行、教會等之遺構

清時臺灣都市的零售商所組織之公會，叫做內郊。批發商，叫做行，其公會叫做外郊。臺灣與大陸間的進出口交易，概由外郊經手。至清季咸豐年間，開闢通商口岸以後，情形發生變化，航運及進口貿易漸歸英商諸洋行所壟斷。

清咸豐八年（一八五八），英屬香港的怡和洋行，首先從事臺灣貿易的開始。同年，根據天津條約，又開臺灣府（安平）、滬尾（淡水）、雞籠（基隆）、打狗（高雄）等埠，為通商口岸。大稻埕（臺北市延平區），也被看做是淡水港的延長。

於是上列各地，洋行林立，買辦跳梁，出口物資之收購，以及進出口貿易，漸被以英商為首的歐美列國商人所壟斷。當時的進口物資，計有：鴉片、棉織品、襯衫、麵粉、鉛塊、火柴、藥劑等。出口物資，以米糖為大宗，經臺灣府、打狗等港口而輸出。還有樟腦、茶葉、木材、硫黃等，經淡水港輸出，煤炭則經由雞籠港輸出。

英商洋行收購出口物資，大多先獲香港匯豐銀行之融資，或直接由生產者收購，或交由買辦所設立之媽振館（Merchant House）收購。今苗栗縣南庄鄉，尚留有叫做紅毛館之地名，據說：就是清季英人為直接收購樟腦，而設立商館、倉庫之地點。

清光緒十二年（一八八六），進口二六五萬元，出口一五三萬元。因為連年進口超過出口，臺灣財富流出海外，數量極多。至於臺灣農、礦產物的出口，早由洋行包辦，並且任意決定它的收購價格，所以生產者及商人的地位，日見不利。因此普遍醞釀了排外的空氣和風潮。國際間的糾紛，時時發生。

清季臺灣的各洋行，到了日據

● 臺南市延平區英商德記洋行舊建築（左圖）
● 臺北縣淡水鎮長老教會正立面（右頁圖）

時期，漸漸絕跡了。唯有幾家資力比較雄厚的，始終繼續營業，以至今日。就是現在臺北市延平區的英商怡和洋行和英商德記洋行。這些經過一百餘年星霜的古洋房，頗受歷史家、美術家的珍視至近年始毀。當年的淡水英國領事館，占有港口景勝之地，日據時期重修，大廈砌磚而成，壯麗無比，為淡水重要古蹟之一。當年的打狗英國領事館，占有高雄市西子灣入口之小丘。古老洋房，年久失修，幸由行政院文化建設委員會規劃修復。

臺南市安平區的德商東興洋行舊屋，建築雄偉，格局非凡，但已殘破不堪，成了市民居住的雜院子。前安平區公所、現安平鹽務局，也是清季建造的洋房。該區公所之房屋，原是總稅務司公館，建於清光緒十七年（一八九一），樓臺瑰麗，環境幽美，是一所值得保存的古蹟。

清咸豐年間，在臺灣開闢通商口岸以後，天主教、基督教便在臺灣開始佈道。就天主教，咸豐九年（一八九五），西班牙屬地菲律賓聖多明峨會桑神父（Joseph Duttorus），在打狗建一教堂，這就是今天的高雄市前金天主堂的濫觴。

桑神父又於清同治九年（一八七〇），為著教化屏東地方的平埔族，在今天屏東縣萬巒鄉，建立了一所赤山天主堂，這是臺灣現存最古的教堂建築物。前金、赤山兩個教堂成立以後，各地也先後建立了天主堂，教徒逐漸增加了。

基督教的傳來稍晚，同治四年（一八六五），英國長老教會先在府城（今臺南市）傳道，以後轉到打狗的旗後（高雄市旗津），設立教堂，次年，又設新樓診所於府城，

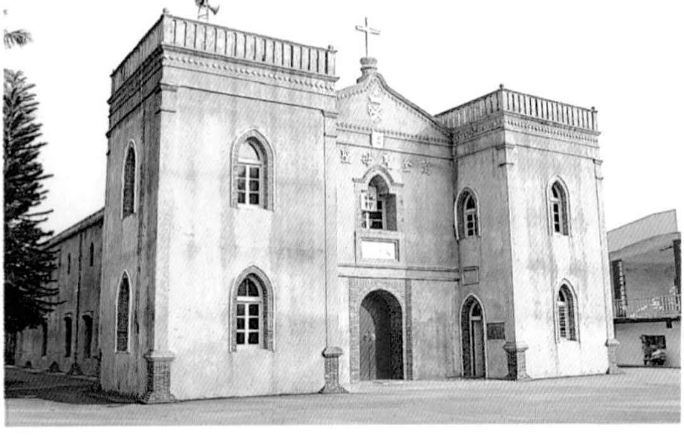

● 屏東縣萬巒鄉萬金天主堂（右圖）
● 臺北縣淡水鎮英國領事館外觀（左頁上圖）
● 高雄市英國領事館一景（左頁下圖）

林衡道

這是現在臺南市東門新樓醫院的嚆矢。當時英國長老教會，在臺灣的傳道士馬雅谷（Dr. James Maxwell）、李修（Hugh Ritchie）、甘為霖（W. Campbell）等，都是很苦幹的人物。

同治十一年（一八七二），加拿大長老教會傳道士馬偕（George Leslie Mackay）前來北部之淡水佈道，次年，淡水教堂竣工。清光緒二年（一八七六），英國長老教會創立了臺南長老教會學校，即今臺南市私立長榮中學之前身。光緒八年（一八八二），馬偕獲得加拿大牛津郡的捐款，創立理學堂大書院於淡水。該大書院的古老建築，現在仍舊保存於淡水工商管理專科學校校園中。鄰接於該校的淡水中學校園裏，還有馬偕的墳墓。附近又有一所英國墳山。馬偕傳道士曾以其堂兄馬偕船長之遺產，建立一所診所於淡水，這一所小診所，就是今天臺北、淡水兩地的私立馬偕紀念醫院的起源。

清時，臺灣民眾排外之風很盛，傳道士走在街上，常有人丟石頭、髒物，加以侮辱。最初馬偕開設診所，卻無人問津。有一日，馬

偕發現其診所突然門庭若市，有許多群眾前來要求每人一瓶藥水，馬偕奇之。晚間，其僕歐、阿媽輩乃告之謂，那些要了藥水者，出了門都將藥水倒掉，而將空瓶帶走。按當時玻璃瓶乃為罕見之物，人們僅是要來拿盛藥水之玻璃瓶而已。

當年淡水之住民，常造馬偕之謠言，謂其開診所之目的，乃在於割取人們之肝臟，抽取人們之血液，故內科、外科病人皆裹足不前。只有牙痛者前去拔牙。而馬偕半生於臺灣共拔了三萬數千顆牙齒，頗引以自豪。

光緒十年（一八八四），中法戰爭爆發，一般民眾之排外心理，達到高潮，焚毀了各地的教堂甚多。戰後官方出資，重建了十餘所的新教堂，以示賠償，這些教堂屋頂並不樹立十字架，而代之以小佛塔，藉以緩和民眾之排外情緒。

● 臺北縣淡水鎮總稅務司公署界石（上圖）

● 臺北縣淡水鎮理學堂大書院一景（右頁上圖）

● 臺北縣淡水鎮馬偕醫館（右頁下圖）

第八章 外患的古蹟

臺灣為我國沿海七省之藩籬，形勢至為重要，清咸豐間闢通商口岸以後，以其物產豐富，更為列強所窺伺。

清同治六年（一八六七），美國商船那威號在臺灣南岬，即今鵝鑾鼻，觸礁沉沒。船長等乘小艇上岸，為番人殺害。美水師提督彼理率軍艦二艘，趕赴其地討伐。番抗拒，美軍大敗。後經臺灣鎮道居中調停，番人陳謝不敏，置酒款待，並歸船人之顱，立誓和好，始勉強了事。

同治七年（一八六八），英人米里沙至蘇澳，娶番女為婦，謀墾南澳之野，官民止之，不聽，芸稼如故。兵備道商之英領事，不聽。已而米沙里赴噶瑪蘭（今宜蘭縣），途次溺死，其事始息。越明年，而有安平之役，是時，因樟腦專賣之施行，引起英商洋行的不滿，以及列強的干涉，外患日漸增多。同治八年，英軍占領安平港，到廢止樟腦專賣後，始行退兵。清季的安平港，並非在於今安平運河的漁港附近。實際上，是在於鹽水溪入海之處。

同治十年，琉球漁船遇颶風，漂流至柴城（今屏東縣車城鄉）之海邊，為牡丹社番人劫殺五十四人。今車城鄉統埔村荒煙蔓草中，猶存一所琉球藩民五十四人之墓。

同治十三年五月，日酋西鄉從道遣日進、孟春、三國等艦至瑯璚（今屏東縣車城鄉）海面，上陸，移陣龜山，開始與番人交戰。旋進攻竹社、風港（今屏東縣楓港鄉）、石門（位於屏東縣車城、牡丹兩鄉之交界），西鄉亦乘高砂艦至。二十有二日，日軍攻破石門之險，後退守龜山，建「都督府」，設病院，修橋道，為屯田久駐之計。於是，

●基隆市二沙灣砲臺景致（俗稱海門天險）（右頁圖）

清廷乃命福建船政大臣沈葆楨視師臺灣，以防日軍之蠢動。葆楨既入臺，籌防務，築砲臺於澎湖群島，設海底電線，以通福州之馬尾與臺灣之淡水。嗣調淮軍助防。而日兵又先後至，凡三千六百五十八人。以溽暑故，沒者五百六十一人，時傳福建巡撫王凱泰將兵二萬將渡臺，苟一啟戰，日寇絕無勝計。因而和議始成，經允以賠款，十二月西鄉乃振旅歸國，所謂牡丹之役，始告平息。

清光緒十年（一八八四），由安南政變所惹起之中法談判，終於破裂而使兩國進入交戰狀態。四月，詔以提督劉銘傳為臺灣防務大臣，五月至基隆，設團練局。又於上海設臺灣軍械糧餉總局，籌備戰事。六月十四日，法水師提督孤拔乘旗艦奧爾札號，率戰艦五，載陸軍三千，入基隆，上陸大沙灣（今

中正路海濱），我軍拒之，交戰二日，法軍敗退，我軍士氣為之大振。

八月十三日，法軍復攻基隆，以兵五百由仙洞上岸，劉銘傳予以迎頭痛擊，殺其百數十人。然法艦仍轟攻砲臺，銘傳屹立督戰，左右殉數人。眾請退，不聽。故士卒皆奮鬥。法軍既據基隆，越月眉山，謀取臺北。棟軍統領林朝棟駐獅球嶺，相持匝月，法軍無法到達目的。此時，法軍亦曾攻略金包里（臺北縣金山鄉）、滬尾（臺北縣淡水鎮），皆受創去。

於是，法軍另以四艦取滬尾。九月十九日黎明，將入港口，砲臺擊之，乃去。翌日復至，先毀砲臺，然後上岸，肉搏進攻。守將孫開華邀擊之。張李成率士勇三百截其後，往來馳騾，當者辟易。法軍大敗，爭舟，多溺死，陣斬五十，俘馘三十。於是不敢再犯。李成、小

● 澎湖縣法人遇難碑（上圖）

● 臺北縣滬尾砲臺「北門鎖鑰」（右頁圖）

名阿火，為梨園花旦，資質嫵媚，顧迫義憤，奮不顧身，克敵致果。銘傳嘉之，授千總，其後以功至守備。

十一年春正月二十一日，法軍猛攻獅球嶺。林朝棟力拒不退。法軍復至，戰及日中，移守六堵、五堵，蓋已迫近臺北矣。幸朝棟抗戰得法，法軍終被擊退，而於二月十三日轉往進攻澎湖，由今馬公市觀音亭登陸。十五日澎湖遂失。法將孤拔既占澎湖，苦無後援，且疫作，將士兵卒病歿者不可勝計。至孤拔病歿後，以副提督李士卑斯接之。至三月，和議成，李士卑斯率艦去，事平。詔命劉銘傳經理善後。當年臺灣居民，痛恨法軍之侵略，稱法人為「西仔」，稱法軍之役為「西仔反」，備加敵視。

今基隆市中正路大沙灣，日據時期叫做孤拔海濱，就因為這裏是法酋孤拔苦戰登陸之地。中正路的東側，基隆市公共汽車管理處旁，有一民族英雄墓，即為中法戰爭時我陣亡將士之墳墓。此墓，原在中正路西側山麓。日據時期，日人闢路毀墓，士紳池清洋等醵資遷葬，憚日人之忌視，僅書「清國人墓」四字。至臺灣光復以後，始加以重建，並改稱為民族英雄墓。距此二百公尺之中正路東側，有法軍陣亡將士之墓地，現稱法國公墓。基隆市現海軍醫院，附近山上曾有砲臺一座，砲口針對於大沙灣，此砲臺為法軍所擊毀，今蹤蹟無存。

民族英雄墓對面山上，至今留有一座古色蒼茫的古堡，額曰「海門天險」。此堡，建於清道光間，鴉片戰爭中曾擊退英艦之侵入，光緒間重修，至法軍登陸大沙灣時，亦曾予以嚴重的打擊。現殘留有石造門樓、石牆、石階等遺構，供人

憑弔。

獅球嶺在基隆市區南方麥帥公路隧道之頂上，地形險要，在鐵路、公路未闢之前，自基隆來往臺灣各地者，多逾此嶺，或逾月眉山。嶺上有一古砲臺，即當年林朝棟率勇抗法的古蹟。現存淡水砲臺，以及澎湖馬公之孤拔墓，也都是中法戰爭的重要古蹟。淡水抗法陣亡戰士墓，位於淡水球場門外，原稱河南勇墓。而當地人誤為荷蘭勇墓，藉口闢路而毀之，不予以重建，實為憾事。

● 基隆市二沙灣砲臺（海門天險）一景（上圖）

● 獅球嶺景色。（李乾朗攝影）（右頁圖）

第九章

開山撫墾的古蹟

清同治十三年（一八七四年），日本藉口琉球藩民遇害，出兵侵據臺灣南部之牡丹社，後經允以賠款始去。清廷命福建船政大臣沈葆楨移師臺灣；事平，奏開山撫墾，從此，北部、西部山地盛行採集樟腦，中部及東部的山地，交通建設也積極展開了。是年，泉州提督羅大春，開建蘇澳、迴瀾（今花蓮市）之間的驚險路徑，這是今天蘇花臨海公路的濫觴。當時羅大春所立的里程碑一方，現存於宜蘭縣蘇澳鎮名勝冷泉之旁。蘇澳法主公廟，及大南澳路旁，又各有開路碑一方。

清光緒元年（一八七五年），總兵吳光亮率飛虎軍三營，以兵工開鑿通往後山（清時，稱臺灣西部為前山，東部為後山）之山道。自林杞埔（今南投縣竹山鎮）起，經鳳凰山、楠仔腳、八通關、大水窟，越中央山脈脊嶺，沿轆轆溪（又稱

● 南投縣信義鄉八通關古道東埔入口（上圖）

● 蘇花臨海公路景色（右頁圖）

拉古拉古溪）東下，以通東部之璞石閣（今花蓮縣玉里鎮），計長二百六十五華里。日據時期，由於布農族山胞大舉抗日，道遂閉塞。後日人就原路重修，並築若干條支路，至民國三十四年，為颱風、洪水所摧毀，遂成廢道，有待重新開闢。

當吳光亮築造此道時，曾設營於南投縣集集鎮茅竹南溪左岸。此地自古稱為八通關道的要隘，營房占地五十餘坪，歷經兵燹風雨，傾圮為墟，今佇茅溪鐵線橋望之，斷垣殘壁，隱約可見，供人憑弔。

集集鎮大山里柴橋頭路旁，有一高可五尺，寬約一丈之巨石，橫鐫「化及蠻貊」四大字。前書：欽命布政使銜署臺灣兵道撫番開墾處。末署：大清光緒十三年春雲林撫墾局委員陳世烈題。又，林尾里濁水溪右岸，有一高約七尺、寬約四丈之巨石，鐫「開闢鴻荒」四大字，亦世烈書，皆清季開山撫墾之古蹟。

南投縣鹿谷鄉，鄉治附近公路旁土地廟側，有石碑兩方，其一鐫有光緒元年解除入山禁令之告示，另一為居民歌頌吳光亮開路撫墾之功績，文曰：「德遍山陬」。清光緒元年，吳光亮開鑿八通關道時，闢一支線，自集集經牛輻轆，至茅埔會合正道，勒石於今南投縣信義鄉之內茅埔楠仔腳陳有蘭溪之右岸，以資留念。文曰：「山通大海」，現

遠觀南投縣信義鄉八通關古道

仍為登山者所珍視。

清光緒六年，雲林知縣陳世烈，建一番學堂於久美社，聘粵籍名人陳國安，教授山胞漢字、漢文。該學堂門前之巨石，鐫有「萬興關」三大字，該巨石，現保存於信義鄉羅那村信義派出所內，字跡仍然鮮明。

今南投縣山區，舊名水沙連，清季漳泉客三籍移民入墾，以陰林山祖師像供祀於公廳為防番之守護神。這神又稱慚愧祖師，與南投縣山區之開拓有重大關係。今南投縣供祀陰林山祖師之祠廟，計有下列之多：

慶福寺，南投鎮內新里南營路一八〇號，創建於清光緒三年。祖師公廳，南投市漳興里祖師巷二〇號，創建於清道光年間。福同堂，埔里鎮桃米里桃米坑，創建於清同治十年。祖師公廟，竹山鎮雲林里

前山路三九號，創建於清光緒二十八年。祖師公廟，中寮鄉龍安村龍南路一〇四號，創建於清咸豐二年。祖師公廟，中寮鄉中寮村鄉林巷四八號，創建於清同治八年。祖師公廟，中寮鄉永平村新城巷二七號，創建於民國十八年。祖師公廟，中寮鄉廣興村永平路四十號，創建於清同治六年。永安廟，中寮鄉八仙村永樂路三二號，創建於清同治三年。祖師公廟，中寮鄉永和村龍南路二六號，創建於清咸豐三年。靈池宮，魚池鄉東池村秀水巷六號，創建於清咸豐九年。祖師公廟，魚池鄉新城村新城，創建於清光緒五年。鳳凰山寺，鹿谷鄉鳳凰村廟口巷一〇號，創建於清光緒元年。祝生廟，鹿谷鄉鹿谷村中厝巷二一號，創建於清道光九年。祖師公廟，鹿谷鄉鹿谷村中正路一〇七號，創建於清道光年間。祖師公廟，鹿谷鄉秀峰村鳳鵬路一〇〇號，創建於清道光十年。祖師公廟，鹿谷鄉秀幹村鳳鳴巷。祖師公廟，鹿谷鄉內湖村民生巷。

在臺灣，除水沙連山區外，其餘地方供祀此神之廟宇，絕無僅有。就水沙連山區而言，大體上可以說，愈是深山幽谷的地方，此神對民間的影響力也愈大。它最初隨著福建移民自祖籍帶到臺灣之水沙連，就被尊為守護神，但因山河遠隔，很難與祖籍廟宇常保持著鄉土關係。同時始終僅為水沙連居民所信仰，未能擴展信仰者的範圍。

法人之役，劉銘傳移師臺灣。及平，任巡撫，奏設臺灣撫墾大臣，差撫兼任。置撫墾總局於大嵙崁（今桃園縣大溪鎮），置撫墾局及其分局於中部、北部、東部各地，設隘於險，駐勇守之，並設番市司事，以理貿易，振興茶葉、樟腦，充其

經費。以是拓地日多，租稅驟增，臺灣局面為之一新。

當年設隘駐勇之地，俗稱隘勇線。臺北縣中和市石壁湖圓通寺後山，現仍殘存一片石牆，斷垣殘壁埋沒於荒煙蔓草之中，此即清時設隘撫墾之古蹟。此種古蹟在當年樟腦業地帶，今桃園縣、新竹縣、苗栗縣之山邊，殘存多所，不勝一一列舉。

清光緒間，前往上列各地山邊，擔任隘勇，或採集樟腦之壯丁，大多以艋舺集義宮（在今臺北市康定路二四九號）池府王爺之分身或神符為其守護神。相傳：以此神之像於小木匣內攜之，得免番害。由此觀之，池府王爺亦與清季撫墾事業有重大關係。至今，苗栗縣南庄鄉、新竹縣竹東鎮等地，還有人家在正廳供祀池府王爺之小像，奉為保護之神。

● 南投縣集集鎮林尾里「開闢鴻荒」碑石，清撫墾局委員陳世烈題。（上圖）

● 清總兵吳光亮築八通關時，於南投縣集集鎮所設的營址，今已傾圮為墟。（右頁圖）

第十章

沈葆楨與劉銘傳的古蹟

清同治十三年（一八七四），日本藉口琉球藩民遇害，出兵侵據臺灣南部之牡丹社，清廷命福建船政大臣沈葆楨視師臺灣；事平，奏開山撫墾，移駐巡撫，增設府縣，設團練，駛輪船。建明延平郡王祠，供祀鄭成功，藉以振作人心士氣。

臺灣為沿海七省之藩籬，形勢至為重要，乾隆間，已建小砲臺於安平，旋又築四草砲臺於安平之北，此種砲臺之遺跡今猶存留。光緒元年（一八七五），福建船政大臣沈葆楨視師臺灣，鑑於法、日等國一再覬覦臺海，乃聘法人添建億載金城於安平之南，以固海防。該城城跡，紅牆綠樹，小橋流水，現為臺南市名勝之一。光緒元年，沈葆楨又聘英人新建打狗港砲臺於今高雄市鼓山、旗後山，旋又建造東港砲臺於今屏東縣東港鎮。鼓山、旗後、東港三砲臺之遺址，均佔景

● 臺南市億載金城一景（上圖）

● 臺南四草砲臺遺跡（右頁圖）

勝之地，足以令人憑弔。

沈葆楨鑒於臺地榛莽日闢，民事日繁，故屢增縣治，有如已述。沈又修建或新建臺灣各地之城廓。臺灣府城之城廓，稱為半月城，係乾隆間大學士福康安所建造。光緒元年，沈葆楨加以重修，其面目為之一新。現存之該城大南門、小西門，其城樓均屬沈氏所重建。稱為臺灣最南端之城廓之恆春城，亦係沈葆楨所建造，落成於光緒初年。由於沈氏之鼓勵和督促，光緒六年臺北知府陳星聚創建臺北府城於艋舺、大稻埕之間。該城之東、南、小南、北四門，現仍屹立於臺北市街道上，稱為市區首屈一指之名勝。

光緒九年（一八八三），中法戰爭爆發，翌年清廷詔淮將劉銘傳加巡撫銜，督臺灣軍務，翌年適法艦犯臺，圖侵入，銘傳擊退之。十一年，將福建巡撫改為臺灣巡撫，以銘傳任之，兼理學政，置布政司。於是銘傳銳意治臺，推行洋務，施行新政，築砲臺，練砲兵，興實業，創鐵路、電報、電燈，頒專賣制度，丈量土地，改革財稅，鼓勵撫墾，建設都市，開闢學校。不僅海疆因此鞏固，且樹立洋務、新政之典型。

現臺北市中山堂及其門前廣場，即劉銘傳治臺時期巡撫衙門及布政使衙門之舊址。其龐大建築，毀於日據時期，僅後者若干部分分別移建於臺北市之植物園與動物園內，移建於動物園之部分，毀於颱風，現已不留片甲。臺北市植物園之林業試驗所宿舍等是也。劉氏所築基隆新竹鐵路德國製之火車頭，現保存於臺北市之臺灣省立博物館門前，是了解臺灣省交通史的最好資料。劉氏公餘，常在錫口勝地永春坡消耗時光，該勝地位於臺北市

● 臺南市安平小砲臺一景（上圖）

● 高雄市打狗港砲臺殘址（下圖）

● 臺南市大南門一隅（右頁圖）

松山車站南二公里，環湖有四獸山之奇峰，風景幽絕。近年因開鑿煤礦，土砂堆積，水面幾成平地，湖光山色已不可復睹，實為一層憾事。臺北市天水路之瞿公真人廟，光緒十三年板橋士紳林維源所創建，其神像係劉氏從河南攜來臺灣而供奉於巡撫衙門者。相傳：此神掌理醫藥診療，故昔日頗獲淮軍之尊崇。

中法戰爭中劉銘傳佈置臺灣防務，在基隆、滬尾（今之淡水）、八里坌（淡水之對岸）、安平、澎湖等地增築砲臺，以防法軍侵擾。以上諸砲臺，遺構均存。足以令人懷古。

近三百年來，在臺灣建樹極多的人物，除了最著稱的鄭成功而外，就是劉銘傳了。劉銘傳各種功業中，建設臺灣鐵路一節，似乎最受後世稱譽。劉氏提倡建設鐵路極

● 沈葆禎銅像（左圖）

● 二二八公園中的劉銘傳塑像（右圖）

● 臺南市小西門（左頁圖）

早，光緒六年，曾上疏請造鐵路以圖自強。及任臺灣巡撫，十二年復奏請試辦鐵路。疏上，下旨照議。於是設鐵路總局於臺北，從事招股，應者甚多。以德人墨爾溪為監督，英人馬禮遜為工程長，測量路線，自臺北至基隆二十英里，是年六月，自大稻埕起工。以余得昌所帶昌字四營為工役。中經獅球嶺，開鑿隧道而達基隆。

當時之臺北火車站，設在北門西方之淡水河沿，現已無存。基隆火車站，亦非今之新站。當年之獅球嶺隧道，在於今基隆市安樂區嘉仁里，日據時期，成為廢道，現已埋沒於荒煙蔓草中。隧道之出口石壁上，勒有劉銘傳手題「曠宇天開」四大字，古色蒼茫，足以令人懷古，該隧道之出口，原有劉氏撰並書之對聯：「十五年生面獨開轂飆輪從此東莊通海嶼；三百丈巖腰新闢天

梯石棧居然人力勝神工。」可惜，今已不可得睹。

光緒十三年，鐵路工程由臺北而南，涉淡水河架橋以渡，長一千五百二十英尺，以時啟閉，下通舟楫。經新莊、龜崙嶺、桃園、中壢、大湖口而至新竹，計長四十二英里。中有巨橋三，此工事之難者。而臺北至基隆以十七年十月開車，臺北至新竹則至十九年正月告竣。因艋舺（今臺北市龍山區）龍山寺反對鐵路經過其地，故不得不渡河而經由新莊和龜崙嶺南下。至日據時期，始廢止新莊、龜崙嶺之險峻路線，改道經由板橋、樹林、鶯歌而至桃園。

當時之鐵路，路廣十一・二尺，軌條闊三尺六寸，重三十六封度。其火車頭，十五噸，或二十五噸。列號之外，又錫以名，曰「騰雲」，曰「御風」，曰「超塵」，曰「掣電」，言其速也。分上下兩等，設備頗簡。每車長約二丈，貨車略同。凡設車

● 布政使司大門（上圖）

● 臺灣鐵路第一號火車「騰雲號」，現存臺北市臺灣省立博物館。（左圖）

站十六處，均以土造，曰火車房。其站長曰司事。顧當草創之時，站中不設信號機，亦無昇降場。其始每日開車六次，後乃減為四次。然途中遇車，隨時可以搭乘，故時刻不定。當時風尚，視火車為危險物，因而搭客還不算多。

鐵路開通之初，每逢大稻埕霞海城隍祭日，臨時增駛，以便往來，而歲首、臘底以及五節均停駛。乘車之費，自臺北至基隆者四角四尖，而至新竹者八角六尖。上等倍之。為鼓勵利用鐵路，亦曾准許以郵票為車票搭乘火車。平均一日之客，臺北基隆五百人，臺北新竹四百人。是時基隆河之水尚深，舟運較廉，鐵路未足與競，以是入款尚少，每月搭客一萬六千圓，貨物四千圓，收支不足相償。十七年，劉銘傳去職，邵友濂繼之，奏准停止擴展工程，而臺灣鐵路遂不進矣。

第十一章

乙未抗日之遺址

光緒二十年（一八九四），由於朝鮮東學黨之亂，清廷遣兵往援，因而引起中日甲午戰爭，旋因戰敗，締結馬關條約，割臺灣與日，此舉使全臺士民震駭，力爭不可。其愛國之忱，實可感天地而泣鬼神。乃於極端悲憤下，於五月二十二日成立抗日政權，推巡撫唐景崧為大總統，而以幫辦劉永福為民主大將軍，建元永清，電告自主於清廷，言遙奉正朔，永作屏藩。二十九日日軍登陸於澳底（臺北縣福隆海水浴場北四公里之地點），六月三日，基隆、獅球嶺失守。四日，臺北之抗日政權瓦解，六日，唐景崧從淡水脫險內渡。七日，日軍佔有臺北城。

臺北失守後，各地士民紛紛自動揭竿起義，抗爭益烈，日軍損失慘重，劉永福孤軍守臺南，抵禦達五閱月，終以餉盡援無，至是年九

● 臺南市億載金城一景（上圖）

● 屏東縣恆春鎮東門城牆一隅（右頁圖）

月，臺南亦陷，官民多走廈門。而臺灣遂為日本佔據半世紀之久，至民國三十四年抗戰勝利始重歸祖國。臺北城之巡撫衙門，亦即當作抗日政權之政廳，該政權所使用繪有猛虎之旗幟，現保存於臺北市臺灣省立博物館內。臺南抗日政權所印行之郵票，蒐集家視之為至寶，爭購珍藏。光緒元年沈葆楨所築臺南之億載金城，日軍侵入臺南時，劉永福部將柯壬貴，據此城孤軍奮戰，卒以寡不敵眾，棄城內渡。其英勇事蹟，今猶盛傳。

以上所述，便是所謂乙未抗日戰爭之大體經過。其實，日軍自臺北南下，攻陷臺南之前，在沿途各地，飽受抗日義勇軍之迎頭痛擊，敵我雙方死傷都很慘重。茲將其事詳述如下：六月七日，日軍占領了臺北城，然後分出一部兵力，進攻中南部。南下的日軍，在大安寮、樹林、三角湧（今臺北縣三峽鎮）、龜崙嶺（今桃園縣龜山鄉）、大料崁（今桃園縣大溪鎮）等地，與義勇軍作戰，雙方都有傷亡。一方面，吳湯興率領義勇軍在楊梅壢（今桃園縣楊梅鎮）抵抗。可是，六月二十三日，日軍終於攻陷了新竹城。

臺灣中部各地，期望南洋大臣張之洞的軍費支援，軍民的戰志都很旺盛，向這方面進犯的日軍近衛師團，到處苦戰，傷亡慘重。不過，八月十三日苗栗失守，二十四日葫蘆墩（今臺中縣豐原市）失守，抗日義勇軍退守彰化八卦山和日軍展開了一次大決戰。八卦山之役，八月二十七、二十八連續苦鬥兩天，不幸義勇軍全面敗潰，勇將吳湯興等都在此役壯烈成仁，而日軍也付了很大的代價。

日本近衛師團長北白川宮能久親王，據日本官方發表，是在臺南

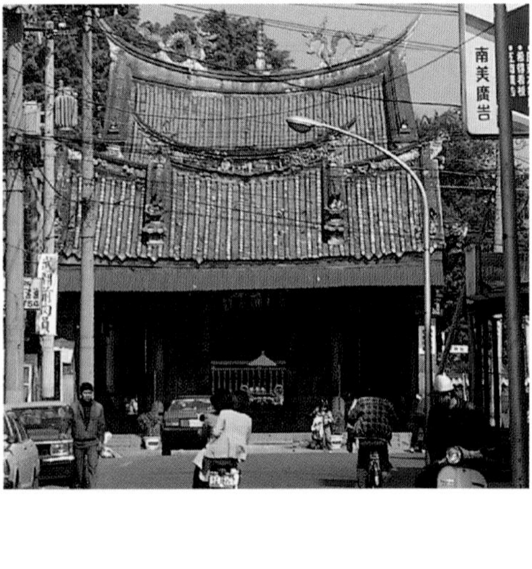

● 臺南市永福路祀典武廟一景（右圖）
● 臺南市億載金城內部景觀（左頁圖）

城淪陷以後患惡性瘧疾而死亡的。可是在臺灣父老傳說，他是在八卦山附近，中了義勇軍的砲彈，身負重傷而死的。又據日據時期住在臺灣的日本人傳說，因為北白川宮是南朝的後裔，故此屬於北朝的明治政府，就特地派刺客到臺灣把他暗殺了，用意是在斷絕南朝的香煙。這固然是種道聽途說之言，不過由此可以看出，就連當時住在臺灣的日本人，也多半不相信北白川宮是病死的。

當時在中國大陸，孤軍死守臺南的劉永福，以抗日英雄而頗負盛名。上海租界的報紙，曾刊出穿著武旦行頭的劉永福女兒彩色木版畫，畫著她生擒穿著軍裝的敵將樺山資紀，人們看了讚不絕口。當然這幅畫只不過是表現愛國群眾的一種願望而已。據十幾年前還在世的臺灣父老說，關於劉永福的忠勇愛

國事蹟，當時沒有一個人不佩服到五體投地的。為了紀念他，在今天的臺南市，還有永福路和永福國民中學等名稱。

卻說佔領了彰化的日軍近衛師團，立刻又分出一部分兵力向南推進，在他里霧（今雲林縣斗南鎮）遭受抗日義勇軍的迎頭痛擊，死傷慘重。到此才明白，日軍由於水土不服士兵病死很多，單靠近衛師團是無法征服臺灣全島的。於是第二師團的援軍和近衛師團合併，編成了一支總兵力九萬人的大軍，同時出動艦隊從海上夾攻的戰略。在這種情形下，劉永福孤軍死守的臺南城的失守只是時間的問題而已。

不久，嘉義城和布袋嘴（今嘉義縣布袋鎮）也淪陷，在艦隊掩護下登陸臺灣的日軍，打進了鳳山，使臺南城陷入南北雙方受敵夾攻的劣勢。接著，打狗（今高雄市）也

被佔領，曾文溪也在日軍的掌握下。各地義勇軍、武器、糧餉都感到缺乏。至此，劉永福一看事已不可為，就在十月十九日從安平坐英國輪船倉皇內渡。於是臺灣南部的抗日勢力也完全崩潰，十月二十一日，日軍進入了臺南城，而全臺遂為日本佔據五十一年之久。

乙未之役，陳鐵香有哀臺灣十首，語多悲慟。茲錄其數首如下：

抉眥滄波外，茫茫集百憂。河山歸浩劫，鼓角亂殘秋。遁世天無路，逃生海有艘。顛連非意料，飄泊欲誰尤？

賣塞牛思黠，和戎秦會之。乾坤正顛倒，書劍劇危疑。世界竟三日，衣冠非昔時。傷心諸父老，流涕話康熙。

延袤三千里，昇平二百年。塹山成陸海，際地啟腴田。蔗積中春雪，茶香萬灶煙。即今繁盛地，淒絕可憐天。

雞籠連五虎，形勢互遙遙。門戶支金廈，藩籬護薊遼。水衝浮六耳，山險控三朝。拱手都資敵，巖疆一霎消。

棄守都無據，誰能一木支。天將驕下國，民竟即東彝，死徙悲黔首，威名誤黑旗。抱頭雖早去，慚絕誓師時。

紅粉誰家女，盈盈玉作團，一鞭驅逼去，畢世洗湔難。涕泣嗟何補，飄零不忍看。生離與死別，痛哭遍江干。

●高雄市左營舊城一角

第十二章

澎湖群島的古蹟

澎湖群島之開發，遠比臺灣本島要早。澎湖原名平湖，自元代起，便設有巡檢司，並置兵。元代稱之為泉州外府，隸於福建省同安縣。明代時，曾一度廢除巡檢司，後又復設。今之馬公市，於明代時，因建有一娘媽宮，故其地名稱為娘媽宮，後簡稱媽宮。到了日據時期，始改為馬公。明末（十七世紀初），荷蘭人亦曾經占領過這些島嶼，而且亦曾在今日之馬公郊外建築過紅木埕城，今卻已不留任何遺跡。按紅毛城唸走音，即成了紅木埕。群島南方之七美嶼，是明末倭寇出沒無常之地。相傳：某次在倭寇來襲時，有七個女子為保全貞節，投井自盡，其墳墓現尚留存，稱為七美人塚。

馬公市上，有明代建立的娘媽宮，此即今之澎湖天后宮，是臺灣全省最古的廟宇，位於碼頭的附近，其建築雖巍峨壯大，但因殘破，已經整修一新。這宮後進，左邊壁上有臺灣全省最古的石碑一方，刻著「沈有容諭退紅毛番韋麻郎等」十二字。沒有落款，也沒有雕飾。該碑長約四尺，寬約一尺許，砂石質，每字有碗口大，正楷字，風格古樸，筆力清遒，一字不苟，令人起敬。考「澎湖廳志」記載如下：

「天啟二年（一六二二—筆者註）外寇（荷蘭人—筆者註）據澎。四年，巡撫南居益，遣兵擒之。先是，萬曆二十九年（一六〇一—筆者註），有海澄人李錦及奸商潘秀、郭震等，久居夷外，語其酋曰：若欲通貢市，無若漳泉者，漳南有澎湖嶼，去海遠，誠得此，貢市不難成也。酋曰：若守土官何？曰：稅吏高采嗜金，若厚賄之，彼特疏上聞，事必諧矣。酋曰：善。錦乃代

● 澎湖縣馬公市天后宮外觀（左圖）
● 澎湖縣西嶼燈塔（右頁圖）

為國書，俾秀震賚進。守將陶撫聖大駭，繫秀於獄，震遁去。」

「初秀與酋約，如有成議，當遺舟相聞。而酋急不能待。三十一年七月，即駕大艦直抵澎湖，時汛兵已撤，遂登陸，伐木築舍，為久居計。會總兵施德、政令都司沈有容，將兵往諭；有容負膽智，大聲論說，夷人露刃相詰，有容無所懾，盛氣與辯。酋心折曰：我從不聞此言。時按撫嚴禁奸民接濟，酋乃去。」

清康熙二十二年(一六八三)，福建水師提督施琅，率領大軍攻打澎湖，降服臺灣之鄭氏。至此，臺灣歸入清廷之版圖，而明祀遂絕。在澎湖群島，施琅之古蹟甚多。有一施公祠，亦稱海山館，供奉著清靖海侯施琅之神像，門前有一萬軍井，相傳：施琅侵據澎湖時，軍隊苦於無水，琅乃親自率部挖掘此井。此外，尚有施琅手建之「靖臺碑記」一方，現保存於馬公市公所中。澎湖縣望安鄉之望安島，有一海灣，名為將軍澳，相傳：即為施琅擊敗鄭軍勇將劉國軒之地，滄浪碧波，足以令人懷古。

澎湖縣馬公市及其郊外，還有清代初期建立的文石書院、文澳城隍廟、媽宮城隍廟、觀音亭、北極殿、海靈殿等古廟，以及提標館、銅山館等會館，也有媽宮城的遺構，漁翁島燈塔等古蹟，供人憑弔。茲將其重要者，略加說明如下：

●文石書院：在馬公市郊外文澳灣，今西文里，面臨海濱。清乾隆三十一年，有貢生許應元者，受澎湖通判胡建之命，建此書院，提倡儒學。額曰文石。蓋文石為澎湖特產之寶石，含有五彩光澤，煥然耀目。以文石名書院，意在培植人才，如同文石之優美。院外大門，聯曰：

● 澎湖縣馬公西城牆一隅（上圖）

● 澎湖縣馬公市天后宮，始建於明，為全臺灣最古老的廟宇。（下圖）

● 澎湖縣馬公市文石書院（右頁圖）

「文章闡道德，石寶蓋光輝。」以勵學子。該書院，佔地甚廣，環境清幽。現僅殘存一座魁星樓與古碑數方而已。

●**觀音亭**：在馬公市媽宮城北門外，清康熙三十五年，遊擊薛奎所建，供奉觀世音菩薩。中法戰爭中，曾為法軍所焚毀。但孤拔中將卻得瘴疫，病歿於澎湖，遂葬身於觀音亭門外之海濱，其墓地，佔地極廣，用硓砧石砌牆，塚前立有石碑，高丈餘，長方形，尖頂。墓旁左右葬有其部屬兩陣亡將官，各立石碑一方，近已遷去市區。觀音亭，面臨滄海，「澎湖廳志」云：「四方湮波浩杳，景頗幽曠。」可知自古便是澎湖勝景之一。

●**媽宮城**：明末鄭成功驅逐荷蘭人，始築城壘於澎湖。清康熙二十三年，設巡檢於今馬公郊外西文里，後乃建造小城一座，名曰澎湖新城。「臺灣府志」云：「澎湖城，康熙五十六年，總督覺羅滿保、巡撫陳瓊、布政使沙米哈建。」雍正五年，設澎湖廳。

清光緒十年，中法交戰，十一年二月，法軍佔據澎湖，至六月議和，法軍撤退。因廳治移置於媽宮，乃有建造媽宮城之議。光緒十三年十二月，總兵吳宏洛，親任督建城門工程，並調動士兵協助，鳩資興建，至光緒十五年十月，城廓始告竣工。

此城，周圍七百八十九丈二尺

●澎湖縣馬公市媽宮城西門順承門一景

五寸，牆垛五百七十個，城高一丈八尺，城基入地深三尺五寸，厚二丈四尺。設東、南、西、北、小南、小西等六城門。東門曰朝陽，西門曰順承，南門曰敘門，北門曰拱辰。並築城樓二層，東南臨海，西接金龜頭，北鑿護城壕河，統計工資共開二萬三千五百三十七兩銀，概由臺灣善後局支付。城廓落城後，廳署乃移入城內。

當時，從海上遠望城廓，宛若海市蜃樓出沒雲霞之間，稱為澎湖第一奇觀。今乃城廓坍塌，僅順承門尚存，城樓蒼老，足以令人懷古。

●**漁翁島燈塔**：漁翁島又稱西嶼，今屬西嶼鄉。清乾隆三十四年，臺灣知府蔣元樞築一燈塔於島上，以利航海。道光元年重修。光緒元年仿傚西式改為鐵質圓形燈塔，名為漁翁島燈塔。附近之西嶼砲臺，亦建於清光緒時。

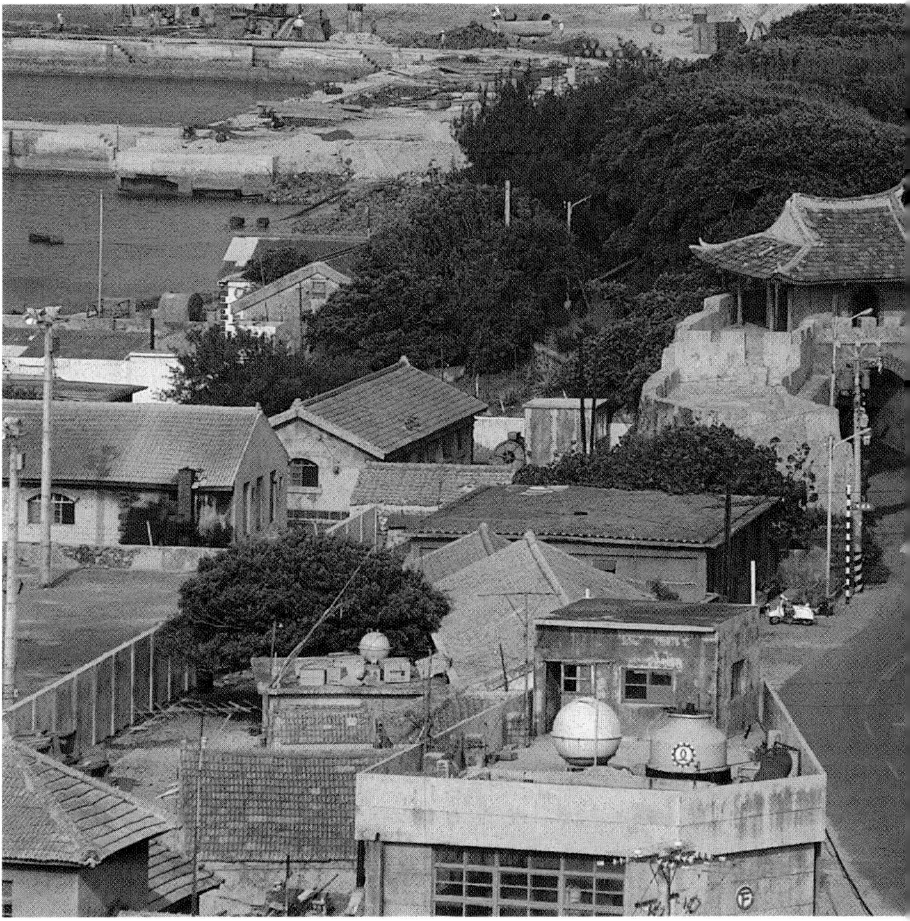

國家圖書館出版品預行編目資料

臺灣史蹟源流／林衡道著.---- 版----臺北市
：文建會，民 88
面； 公分，----（文化資產叢書系列．古蹟類）
ISBN 957-02-4356-2（平裝）
1.臺灣-歷史 2.臺灣—古蹟
673.22 88008536

文化資產叢書〔古蹟類〕

臺灣史蹟源流

著者／林衡道

著作財產權人／行政院文化建設委員會
發 行 人／林澄枝
發行及展售／文建會文字影音出版品展售中心／台北市愛國東路 100 號
電話：(02) 23434168／ 傳真：(02) 23946574
編輯製作及代理發行／藝術家出版社／台北市重慶南路一段 147 號 6 樓
電話：(02) 23719692-3／傳真：(02) 23317096
審 查／陳奇祿、李乾朗
策 劃／陳德新
行政編輯／吳麗珠、吳淑英
圖片提供／林柏樑
執行編輯／王庭玫、魏伶容、林毓茹
美術編輯／王庭玫、李怡芳、柯美麗、林憶玲、王孝媺
製 版／裕華彩藝股份有限公司
印 刷／欣佑彩色製版印刷股份有限公司
經 銷／藝術圖書公司／台北羅斯福路三段 283 巷 18 號
電話：(02) 23620578／傳真：(02) 23623594
中部分社／電話：(04) 5340234／傳真：(04) 5331186
南部分社／電話：(06) 2617268／傳真：(06) 2637698
出版日期／中華民國八十八年六月（增訂一版）
定 價／160 元